Listen to the Music
リスニング・ワーク・ブック 3
~良い耳をつくるために~

遠藤 蓉子・著

サーベル社

はじめに

　本書はピアノ・レッスンのサブ・テキストとして、主に聴音の訓練を目的としたワーク・ブックです。二巻までで一応の音は取れるようになったと思います。三巻では、さらに複雑なリズムの聴きとりと、臨時記号や強弱記号、イ短調、ト長調、ヘ長調、8分の6拍子などを学びます。

　一巻から少しずつ積み重ねるうちに、三巻までくると急に難しくなったように思えるかもしれませんが、毎週少しずつやっていれば大丈夫です。二巻までのどんどん進む方式とは切り替えて、三巻ではじっくりと一つ一つの課題に取り組んでいただきたいと思います。三巻で特に力を入れているリズムの聴きとりは、ピアノを実際に弾く上でも非常に役立つ大切なことです。そして、音はわかっていてもリズムを理解していなければ正しく音楽を表現することはできません。最初は少し難しいかもしれませんが、一度わかってしまえばそれほど難しいことではありません。根気よく挑戦していって下さい。先生方にも、一人一人の生徒が着実に一つ一つの課題をこなしていけるよう暖かい励ましをお願い致します。

　各レッスンは2ページで構成されており、まず「うたいましょう」で音程を確認します。正しく音をとるためには心の中で歌えなくてはなりませんので、声に出して歌うことはとても重要です。さらに、ブレスやフレーズなども注意してきれいに歌いましょう。「リズムをうちましょう」は右手と左手の複リズムです。ピアノで打った方が良いと思います。毎週一題ずつですので、ある程度の速さで調子良く打てるまで練習しましょう。「○×クイズ」は二巻からやっていますが、とかく緊張しがちな聴音の練習を楽しくするためのゲームです。メロディー聴音、リズム聴音、二声の和音聴音など多面的に取り組みます。間違っても気にせずチャレンジして下さい。全神経を耳に集中させる行為そのものに意味があるのです。「ききとり」は、実際に聴こえてきた音を楽譜に書きとる練習です。二巻までで大体の要領をつかんでいると思いますが、三巻になるとかなり難しくなっていますので、3回までに聴きとれなくても何回でも弾いてあげて下さい。苦労しながらやっているうちにいつの間にか本物の実力が身についているのです。その他、ある程度の基本的な楽典問題や移調も織り交ぜています。毎回のレッスンの中で少しずつこなしていって下さい。

　三巻まで終了されれば、ある程度の聴音の実力は確実についていると思います。どこからか聴こえてきたすてきなメロディーをすぐに自分の中で音符に置き換えることができたらすばらしいことです。本書が新しい聴音のテキストとして皆様のお役に立てば幸いです。なお、各課題の問題と解答は巻末の「先生方へ」をご覧下さい。

2000年　早春

遠　藤　蓉　子

も　く　じ

レッスン 1 ……………………… 4
レッスン 2 ……………………… 6
レッスン 3 ……………………… 8
レッスン 4 ……………………… 10
レッスン 5 ……………………… 12
レッスン 6 ……………………… 14
レッスン 7 ……………………… 16
レッスン 8 ……………………… 18
レッスン 9 ……………………… 20
レッスン 10 …………………… 22
レッスン 11 …………………… 24
レッスン 12 …………………… 26
レッスン 13 …………………… 28

レッスン 14 …………………… 30
レッスン 15 …………………… 32
レッスン 16 …………………… 34
レッスン 17 …………………… 36
レッスン 18 …………………… 38
レッスン 19 …………………… 40
レッスン 20 …………………… 42
レッスン 21 …………………… 44
レッスン 22 …………………… 46
レッスン 23 …………………… 48
レッスン 24 …………………… 50

先生方へ ………………………… 53

レッスン 1

🍬 うたいましょう

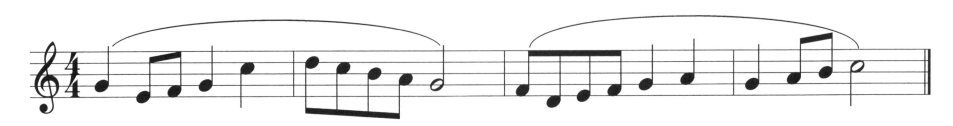

🧁 リズムをうちましょう

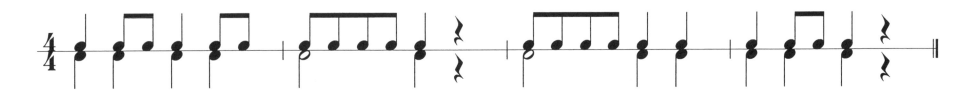

🍪 （　）のなかに音のなまえをかきましょう

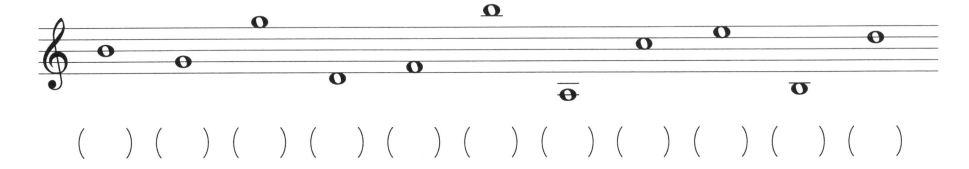

 ○×クイズ

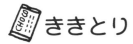 ききとり

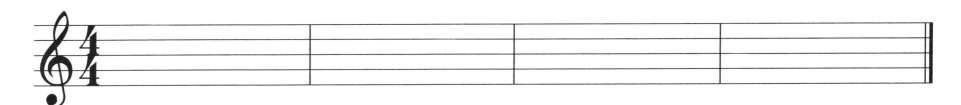

レッスン 2

 うたいましょう

🧁 リズムをうちましょう

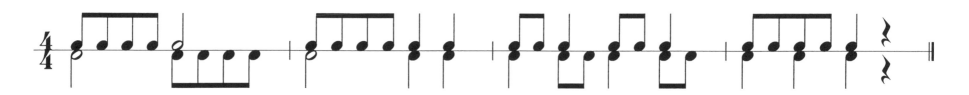

🎴 おんぷのなまえをかきましょう

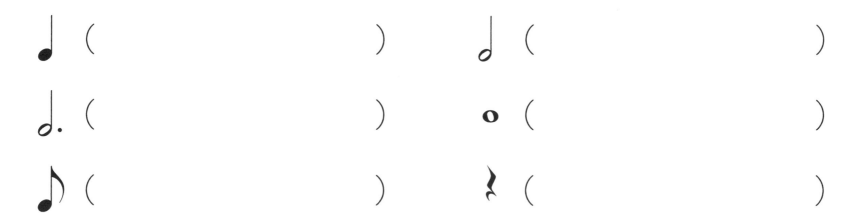

 ○×クイズ

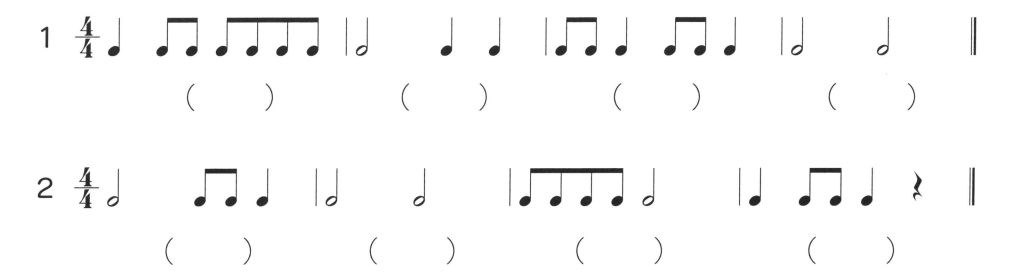

 ききとり

レッスン 3

🍬 うたいましょう

🧁 リズムをうちましょう

🍪 ( ) のなかに音のなまえをかきましょう

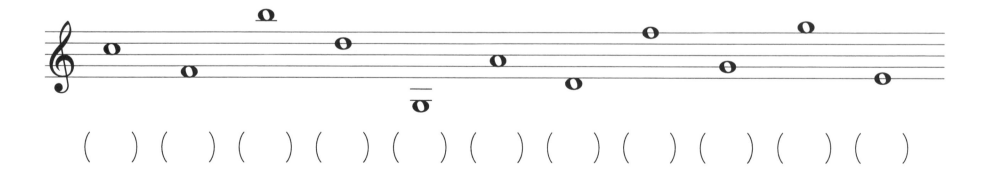

( ) ( ) ( ) ( ) ( ) ( ) ( ) ( ) ( )

 ○×クイズ

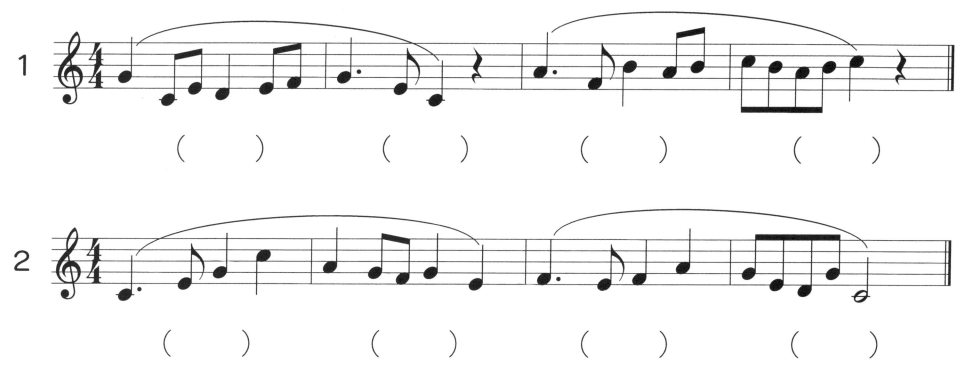

 ききとり

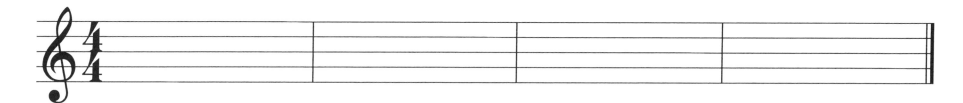

レッスン 4

🍬 うたいましょう

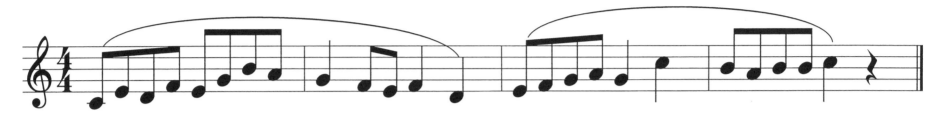

🧁 リズムをうちましょう

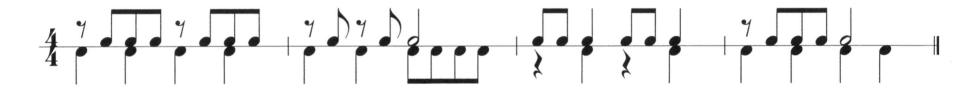

🎩 せんでむすびましょう

 ○×クイズ

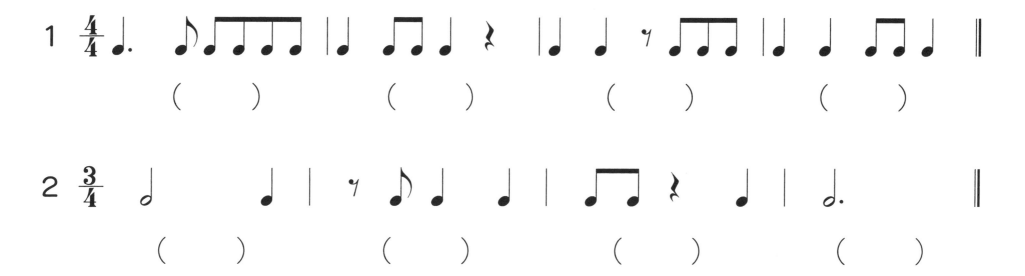

 ききとり

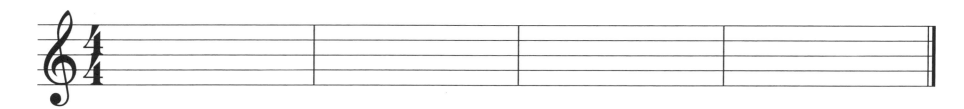

レッスン 5

🍬 うたいましょう

🧁 リズムをうちましょう

🔲 おんぷのなまえをかきましょう

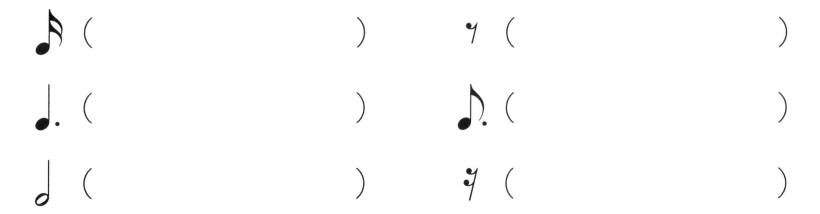

 ○×クイズ

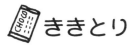 ききとり

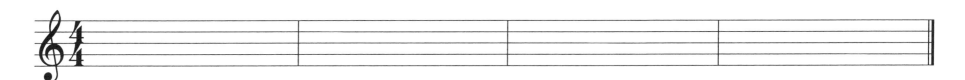

レッスン 6

🍬 うたいましょう

🧁 リズムをうちましょう

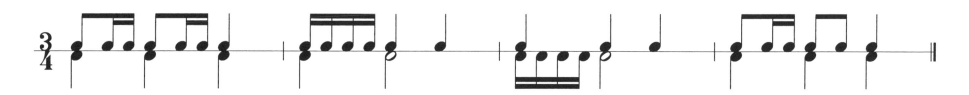

🍭 ( )のなかによみかたといみをかきましょう

      p (よみかた   )(いみ   ) mf (   )(   )

      ff (   )(   ) pp (   )(   )

      mp (   )(   ) f (   )(   )

 ○×クイズ

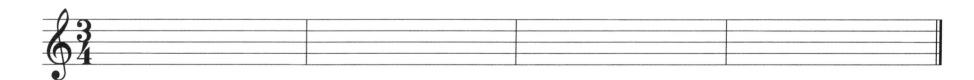 ききとり

レッスン 7

🍬 うたいましょう

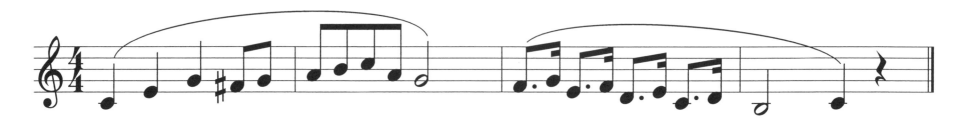

🧁 リズムをうちましょう

🍪 ( )のなかになまえといみをかきましょう

♯ (なまえ　　　　　　) (いみ　　　　　　　　　　　　)

♭ (　　　　　　　　　) (　　　　　　　　　　　　　　)

♮ (　　　　　　　　　) (　　　　　　　　　　　　　　)

✏️ (　)のなかにきょうじゃくきごうをかきましょう（ f , p , mf , mp ）

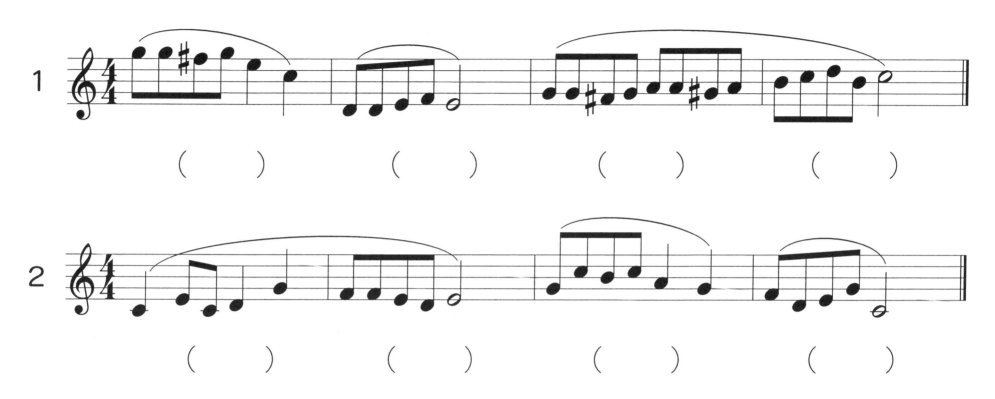

🍓 ききとり（ひつようなところにりんじきごうをつけましょう）

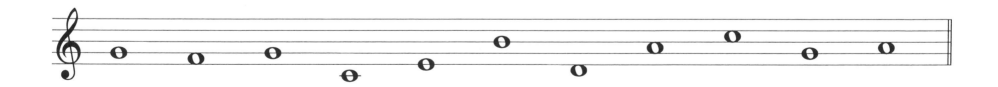

レッスン 8

🍬 うたいましょう

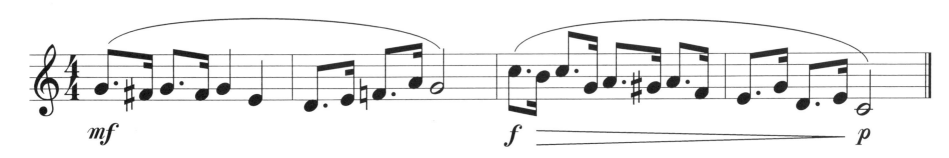

🧁 リズムをうちましょう

🍪 (　)のなかになまえといみをかきましょう

mp （なまえ　　　　）（いみ　　　　）　　f （　　　　　）（　　　　　）

< （　　　　　）（　　　　　）　　> （　　　　　）（　　　　　）

ff （　　　　　）（　　　　　）　　p （　　　　　）（　　　　　）

 ○×クイズ

♡ ききとり（ひつようなところにりんじきごうをつけましょう）

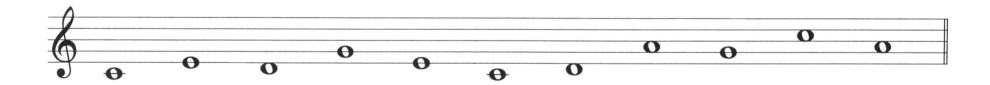

レッスン 9

🍬 うたいましょう

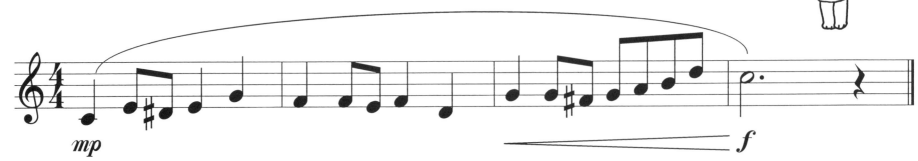

🧁 リズムをうちましょう

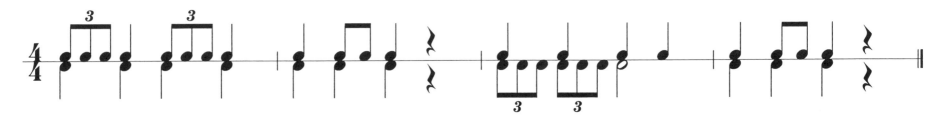

🍭 (　)のなかによみかたといみをかきましょう

Moderato (よみかた　　　　　　) (いみ　　　　　　　　　　　　　)

Andante　 (　　　　　　　　　) (　　　　　　　　　　　　　　　)

Allegretto (　　　　　　　　　) (　　　　　　　　　　　　　　　)

 ○×クイズ

 ききとり

◎ 「ききとり」はシャープを含みます。

レッスン10

🍬 うたいましょう

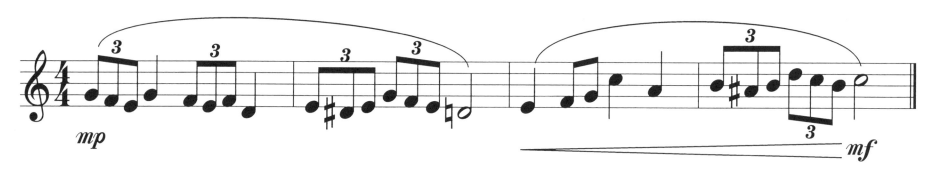

🧁 リズムをうちましょう

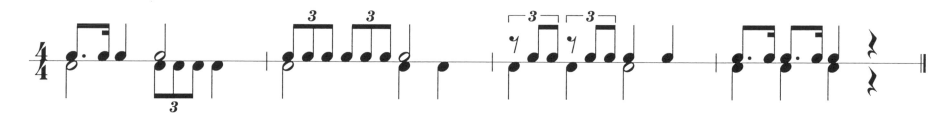

🔲 おんぷのなまえをかきましょう

♪. (　　　　　) 　　𝅘𝅥𝅰𝅘𝅥𝅰𝅘𝅥𝅰𝅘𝅥𝅰 (　　　　　)

♬³ (　　　　　) 　　♫ (　　　　　)

𝄾 (　　　　　) 　　𝅗𝅥 (　　　　　)

 ○×クイズ

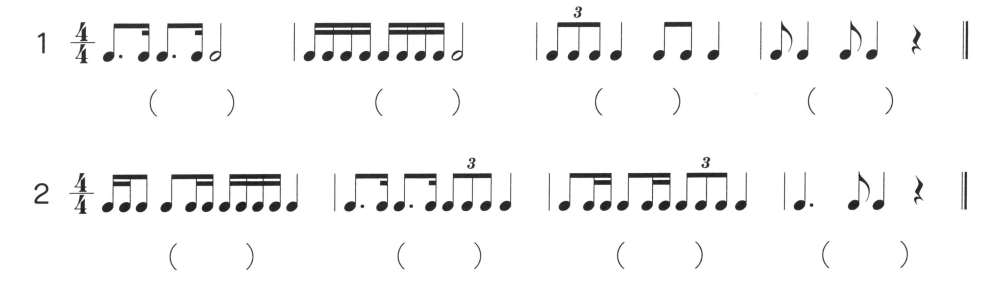

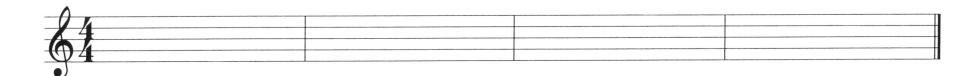 ききとり

◎ 「ききとり」はシャープを含みます。

レッスン 11

🍬 うたいましょう

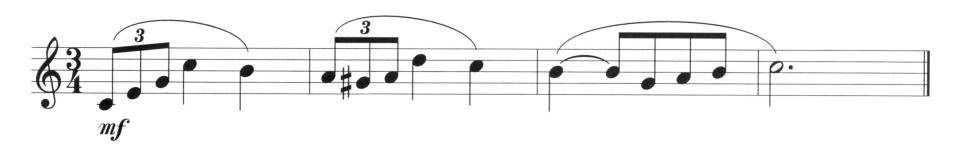

🧁 リズムをうちましょう

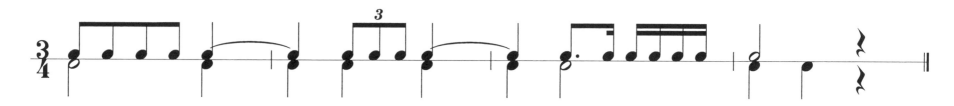

🥤 (　)のなかにおんぷでこたえをかきましょう

♪ + ♪ = (　　)　　　♫ + ♩. = (　　)　　　♪. + ♬ = (　　)

𝅘𝅥𝅲𝅘𝅥𝅲𝅘𝅥𝅲𝅘𝅥𝅲 + ♫³ = (　　)　　　♩ + ♫ = (　　)　　　♬ + ♬ = (　　)

 ○×クイズ

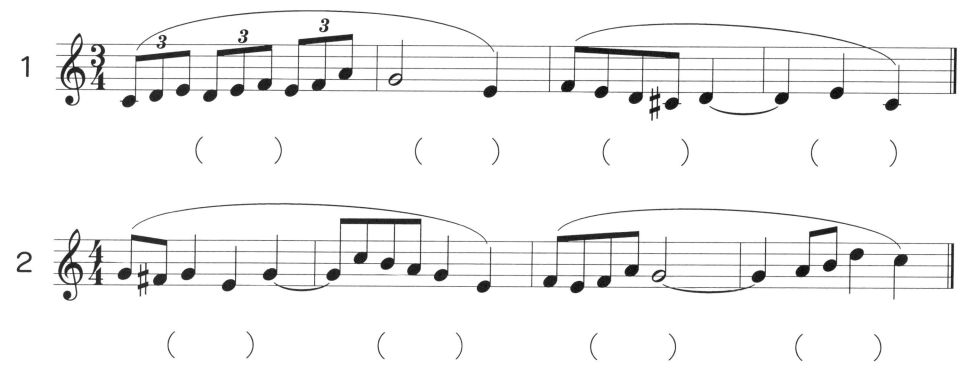

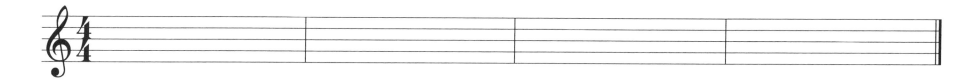 ききとり

◎ 「ききとり」はシャープと三連符を含みます。

レッスン 12

🍬 うたいましょう

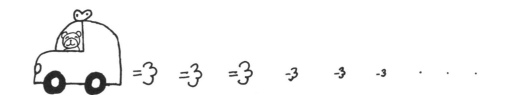

🧁 リズムをうちましょう

🥤 （　）のなかにおんぷでこたえをかきましょう

♩♪ + ♬♬ + ³♪♪♪ = （　）　　　　♪ + ♪ + ♪ = （　）

♪ + ♪ = （　）　　　　♩. + ♬♪ = （　）

◎ ここからイ短調の練習に移ります。主和音を「ラドミ」と弾いてあげて下さい。

 ○×クイズ

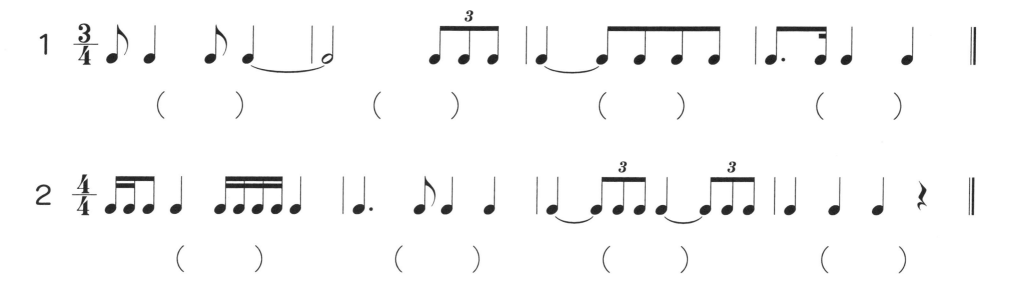

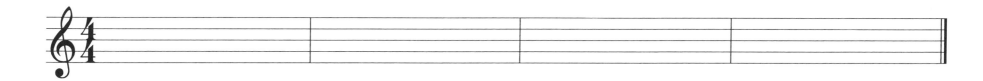 ききとり（イたんちょう）

◎「ききとり」はシャープを含みます。

レッスン 13

🎵 うたいましょう

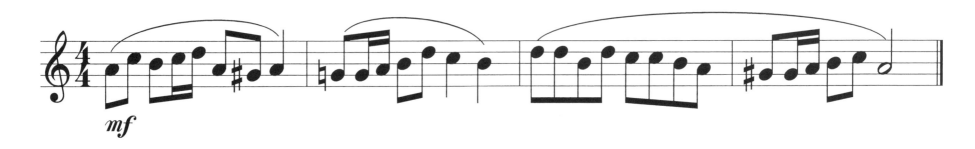

🧁 リズムをうちましょう

🍙 8ぶんの6びょうしのたしざん（すうじでこたえをかきましょう）

♪ + ♩ = （　　）   ♩. + ♩ = （　　）

♬ + ♪ = （　　）   ♪ + ♩. = （　　）

 ○×クイズ

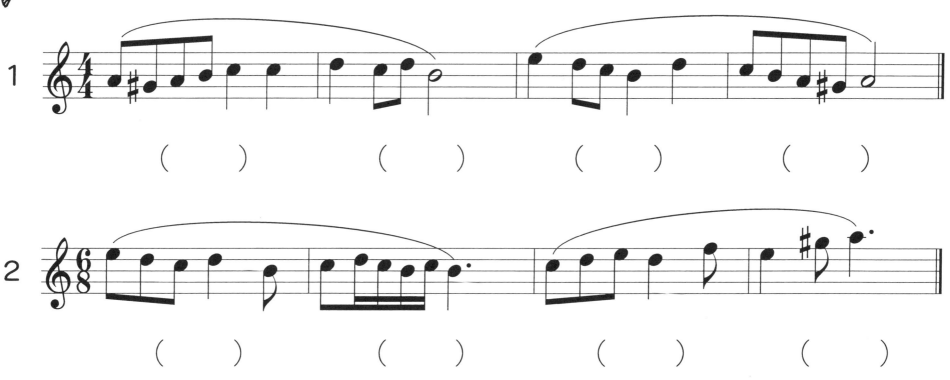

 ききとり（イたんちょう）

◎ 「ききとり」はシャープを含みます。

レッスン14

🍬 うたいましょう

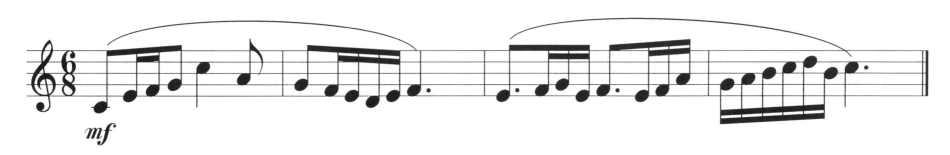

🧁 リズムをうちましょう

🍙 8ぶんの6びょうしのたしざん（すうじでこたえをかきましょう）

♩. + ♫ = （　　）　　　　　♪. + ♪ + ♩ = （　　）

𝅘𝅥𝅰𝅘𝅥𝅰𝅘𝅥𝅰𝅘𝅥𝅰 + ♩. = （　　）　　　　♩ + ♩. + ♪ = （　　）

 ○×クイズ

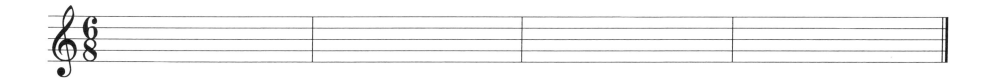 ききとり（ヘたんちょう）

レッスン 15

🍬 うたいましょう

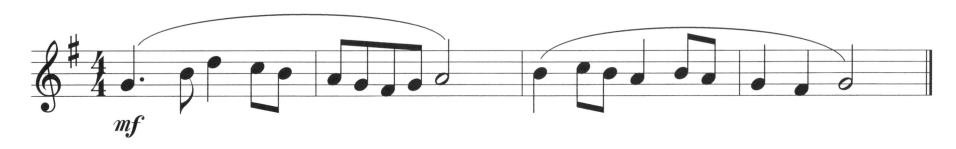

🧁 リズムをうちましょう

🍪 (　)のなかに音のなまえをかきましょう

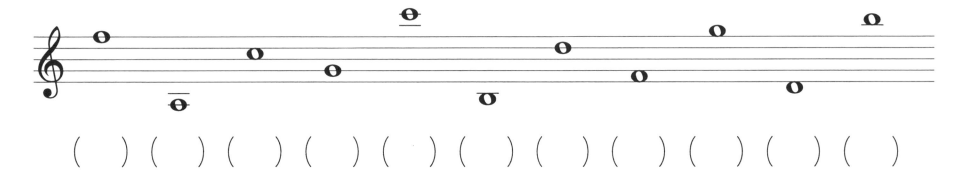

( ) ( ) ( ) ( ) ( ) ( ) ( ) ( ) ( ) ( ) ( )

◎ ここからト長調の練習に入ります。主和音を「ソシレ」と弾いてあげて下さい。

🍦 ○×クイズ

📻 ききとり（トちょうちょう）

レッスン 16

🍬 うたいましょう

🌀 いちょうしましょう （ハちょうちょう→トちょうちょう）

 ○×クイズ

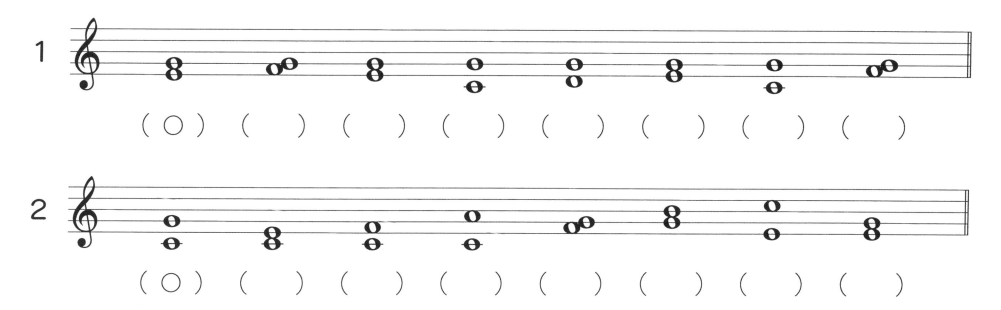

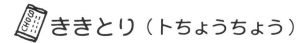 ききとり（トちょうちょう）

レッスン17

🍬 うたいましょう

🎶 いちょうしましょう（ハちょうちょう→トちょうちょう）

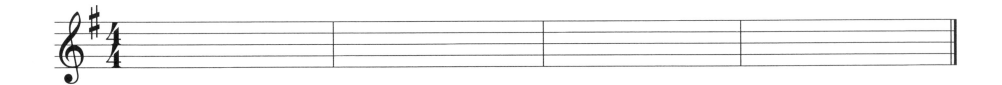

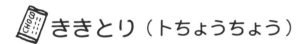 ○×クイズ

 ききとり（トちょうちょう）

レッスン 18

🍬 うたいましょう

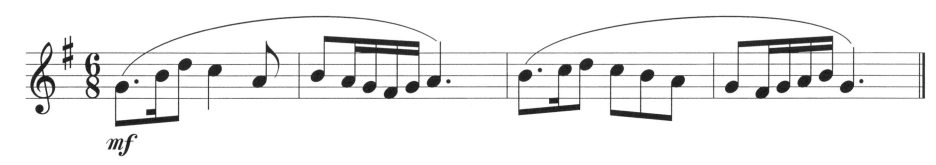

🎴 いちょうしましょう（トちょうちょう→ハちょうちょう）

 ○×クイズ

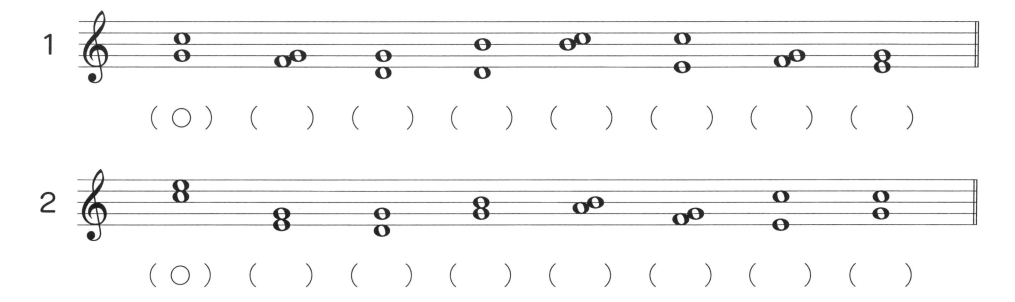

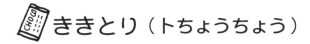 ききとり（トちょうちょう）

レッスン 19

🍬 うたいましょう

🍥 いちょうしましょう（ハちょうちょう→ヘちょうちょう）

◎ ここからヘ長調の練習に入ります。主和音を「ファラド」と弾いてあげて下さい。

 ○×クイズ

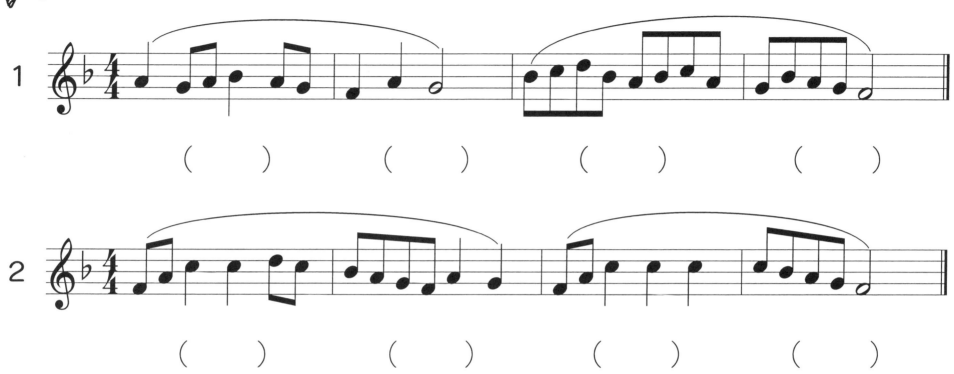

( )　　( )　　( )　　( )

( )　　( )　　( )　　( )

ききとり（へちょうちょう）

レッスン20

🍬 うたいましょう

🌀 いちょうしましょう（ハちょうちょう→ヘちょうちょう）

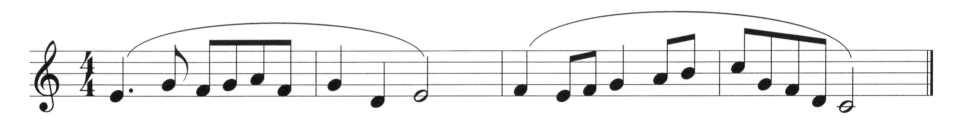

 ○×クイズ

1
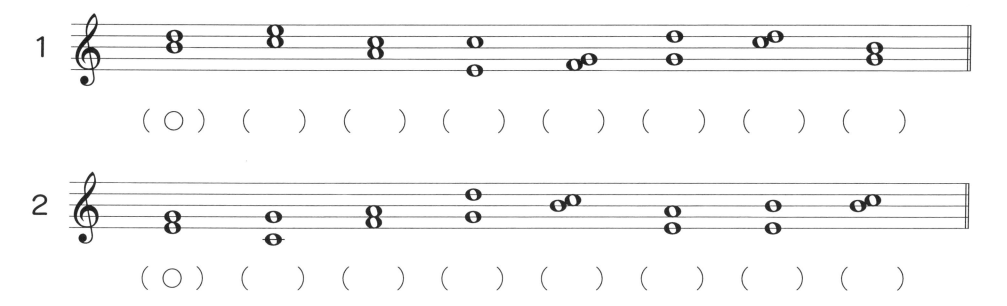

(○) (   ) (   ) (   ) (   ) (   ) (   ) (   )

2

(○) (   ) (   ) (   ) (   ) (   ) (   ) (   )

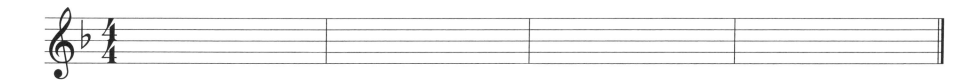 ききとり（へちょうちょう）

レッスン 21

 うたいましょう

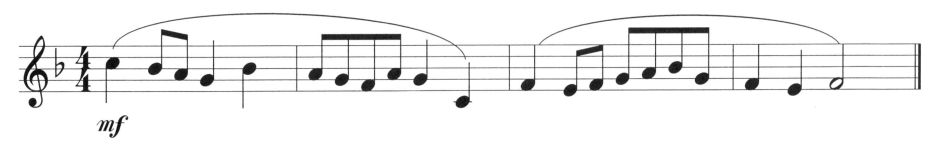

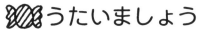 いちょうしましょう（へちょうちょう→ハちょうちょう）

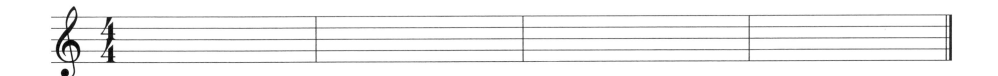

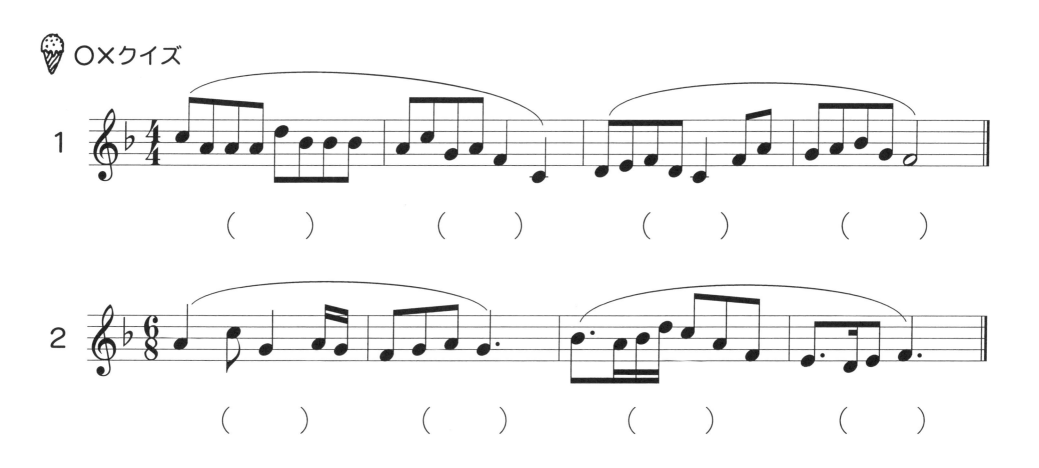

○×クイズ

ききとり（へちょうちょう）

レッスン 22

🍬 うたいましょう

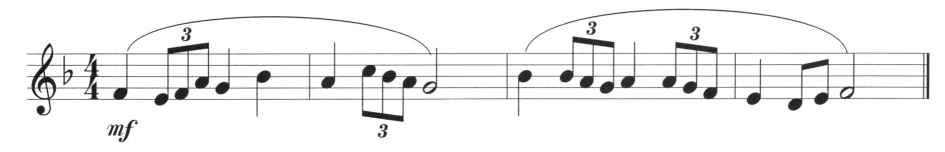

🌀 いちょうしましょう（ヘちょうちょう→ハちょうちょう）

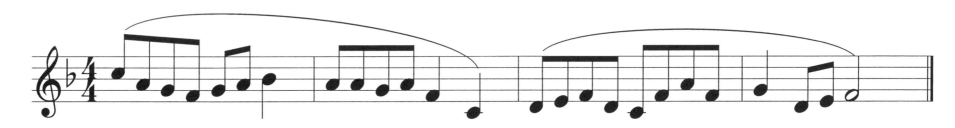

 ○×クイズ

1
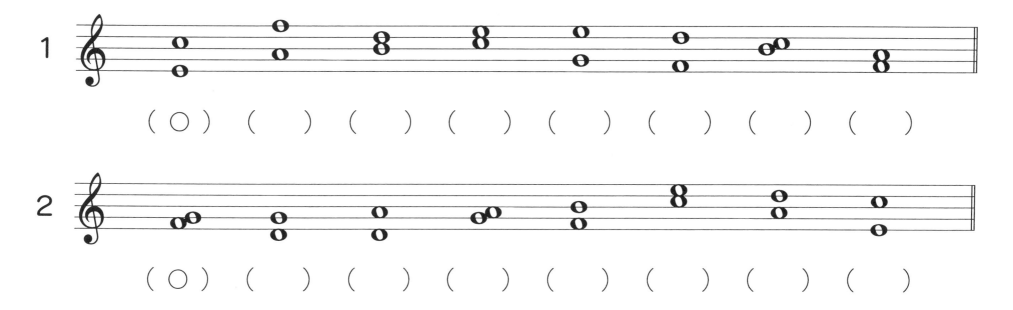

(○) (   ) (   ) (   ) (   ) (   ) (   ) (   )

2

(○) (   ) (   ) (   ) (   ) (   ) (   ) (   )

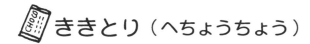 ききとり（へちょうちょう）

レッスン 23

うたいましょう

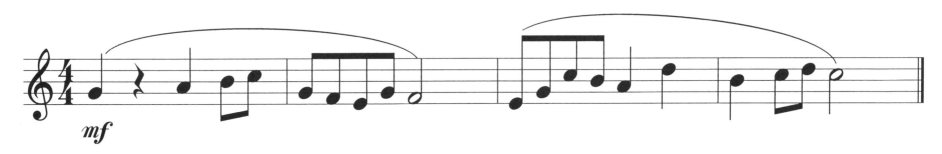

リズムをくぎりましょう

🍦 ○×クイズ

📻 ききとり（ハちょうちょう）

◎ 「ききとり」はシャープを含みます。

レッスン 24

🍬 うたいましょう

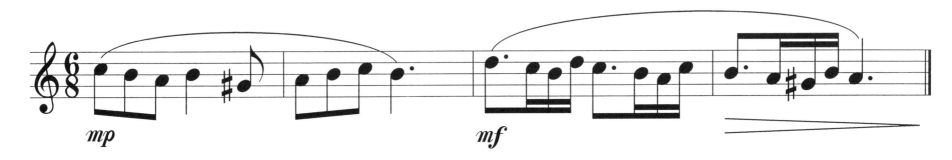

🌀 いちょうしましょう（トちょうちょう→ヘちょうちょう）

🍰 リズムをくぎりましょう

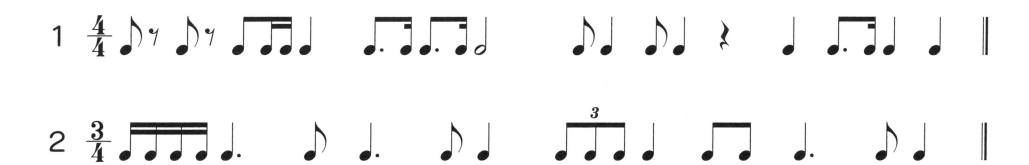

🍫 ききとり（ハちょうちょう）

◎ 「ききとり」はフラットを含みます。

遠藤蓉子著のわかりやすく使いやすいテキスト・シリーズ

◎幼児向け
よくわかる幼児のワーク・ブック（あそびとリズムとおんぷ）	定価［本体1100円＋税］
おんぷのおえかきワーク・ブック①〜③（えかきうたつき）	各定価［本体1100円＋税］
よくわかる幼児のおんぷとりずむ①〜③（おはなしのイラストつき）	各定価［本体1200円＋税］
よいこのピアノ①〜③	各定価［本体1200円＋税］
よいこのワーク・ブック①〜③（おんぷのぬりえつき）	各定価［本体 950円＋税］

◎入門テキスト（子供用）
はじめてのピアノ教本①〜⑤	各定価［本体1200円＋税］
子供のための導入テキスト ぴあのくらぶ①〜⑤（たのしくりょうてでひきましょう）	各定価［本体1200円＋税］
こどものためのたのしいピアノ入門①〜③（チャレンジ・レパートリーつき）	各定価［本体1200円＋税］
子供のためのピアノ・ソロ曲集 みにみに・こんさーと①〜③	各定価［本体1200円＋税］

◎入門ワーク・ブック（子供用）
おんぷとりずむをおぼえるためのうさぎさんワーク①〜③（なぞなぞつき）	各定価［本体 950円＋税］
おんぷ・にこにこ・ワーク①〜⑤（音あてクイズつき）	各定価［本体 950円＋税］
子供のための導入ワーク・ブックおんぷくらぶ①〜⑤（たのしくおんぷをおぼえましょう）	各定価［本体1000円＋税］
バイエルぴったりワーク・ブック①〜③（おたのしみクイズつき）	各定価［本体 950円＋税］
ピアノのがくてんワーク・ブック①〜③（チャレンジゲームつき）	各定価［本体 950円＋税］

◎ソルフェージュ教材
たのしいソルフェージュうたあそび①〜③（ピアノとともに）	各定価［本体1300円＋税］
リスニング・ワーク・ブック①〜③（良い耳をつくるために）	各定価［本体1000円＋税］
こどもの初見奏①〜③（バイエルからツェルニー程度）①②	各定価［本体1200円＋税］
③	定価［本体1500円＋税］

◎大人のための教材
おとなのためのポピュラー・バイエル①〜③（併用曲つき）	各定価［本体1200円＋税］
すぐに役立つ大人のワーク・ブック①〜③（解答つき）	各定価［本体1200円＋税］
懐かしのピアノ曲集（心和む美しいメロディでレッスンを）	各定価［本体1200円＋税］

◎主要テキスト
子供から大人までスピード・バイエル①〜③	各定価［本体1200円＋税］
ツェルニー・セレクト（ツェルニー30番の前に）	定価［本体1300円＋税］
ツェルニー・コンタクト（ツェルニー30番にかえて）	定価［本体1300円＋税］
ツェルニー・パッセージ（ツェルニー40番の前に）	定価［本体1300円＋税］

◎書籍
1才からのピアノ・レッスン（21世紀の新しい音楽教室のために）	定価［本体1800円＋税］
2才からのピアノ・レッスン（小さい子の上手な教え方）	定価［本体1800円＋税］
青い空とピアノ、そしてコーヒーと私（小さな音楽教室物語）	定価［本体1800円＋税］
ピアノ・レッスン知恵袋（テキスト選びとレッスンのヒント）	定価［本体1800円＋税］
虹とピアノ、どこまでも一人旅（続・小さな音楽教室物語）	定価［本体1800円＋税］

サーベル社より好評発売中

新しい時代のCDつき教材による音感トレーニング

「まねっこソルフェージュ 音感ドレミファソラシド」
サーベル社 ［定価 1,300円＋税］

CDに対応したソルフェージュのテキストで、歌を中心にいろいろなまねっこで楽しくソルフェージュを学びます。CDの歌の楽譜と「まねっこ」のトラックに対応した音符のカードが掲載されています。また、歌の中の言葉を使った「まねっこゲーム」や「かえうたゲーム」などCDにはない楽しい音感ゲームが含まれており、自然な形で音符へと導いていきます。

CD「音感ドレミファソラシド」 VICP-65082
発売元：ビクターエンタテインメント株式会社 ［定価2,200円（税込）］

「ききとりワーク・ブック」に対応したCDで、プロの歌手によるすばらしい歌と楽しい音感トレーニングが収録されています。「ききとりワーク・ブック」の歌あそびのヒントを参考に一緒に歌ったり、リズムを打ったり、ピアノを弾いたり、楽しみながら音感を身につけることができます。

「たのしいな！ 幼児のうたと音感①〜⑤」
サーベル社 ［各定価1,200円＋税］

「別冊幼児のうたと音感①〜⑤（CD&カードつき）」
サーベル社 ［各定価1,800円＋税］

小さい子の楽しい音感トレーニングのためのシリーズで、先生と一緒に歌ったりダンスしたりしながら自然な形でリズムと音感の基礎を身につけます。「たのしいな！幼児のうたと音感」は生徒用のテキストで、「別冊幼児のうたと音感」に対応CDがついています。別冊には指導ポイントや応用の遊び方もついていて、別冊のみ単独で使用することができます。

「個人でもグループでも使える よいこのリトミック①〜③（ごほうびゲームつき）」
サーベル社 ［各定価1,200円＋税］

「よいこのリトミック おたのしみリズム・ブック①〜③（カード＆CDつき）」
サーベル社 ［各定価1,800円＋税］

手軽にレッスンに取り入れられるリトミックのシリーズで、「よいこのリトミック」は、歌とリトミックのイラスト、楽しいごほうびゲームで構成されています。「おたのしみリズム・ブック」に対応CDがついており、先生と生徒の二人でも十分にリトミックを楽しむことができます。「おたのしみリズム・ブック」は、リトミックの動きを音符へと導くもので、巻末のカードは小さい子のレッスンのカードひろいに役に立ちます。

※遠藤蓉子ホームページ　http://yoppii.g.dgdg.jp/
［YouTube］よっぴーのお部屋 レッスンの扉

著　者	遠藤蓉子
ＤＴＰ	アトリエ・ベアール
発行者	鈴木廣史
発行所	株式会社サーベル社
定　価	［本体1000円＋税］
発行日	2021年12月25日

リスニング・ワーク・ブック③
〜良い耳をつくるために〜

〒130-0025　東京都墨田区千歳2-9-13
TEL:03-3846-1051　FAX:03-3846-1391
http://www.saber-inc.co.jp/

ISBN978-4-88371-241-0 C0073 ￥1000E

この著作物を権利者に無断で複写複製することは、著作権法で禁じられています。
万一、落丁乱丁本の場合は送料弊社負担でお取替えいたします。

先生方へ

「うたいましょう」……… 先生のピアノに合わせて生徒が歌います。最初に主和音を弾いてあげて下さい。まず自分で正しく歌えなければ、聴き取りはできません。音程とリズムをしっかり把握させて下さい。

「リズムをうちましょう」… 手で打っても構いませんが、ピアノで打った方が音符の長さをより正確に表現できます。両手の時は右手を「ホ」左手を「イ」で打って下さい。片手の時は「イ」で打ちます。「○×クイズ」の時も同様です。

「○×クイズ」………… 先生の弾いた音と書いてある音が同じ時は○、違う時は×をするゲームです。同じことを3回まで弾いてあげて下さい。

「ききとり」…………… 先生がピアノで弾いた音を生徒が書きとります。ゆっくりめにはっきり弾いてあげて下さい。3回同じことを弾く間に書き取ります。最初に主和音を弾いて下さい。1回目に音の位置を白丸でとり、2回目にリズム譜になおし、3回目に確認するというステップを覚えさせて下さい。途中でわからなくなっても、わかるところを一つでも多く書きとるよう御指導下さい。

P.13「○×クイズ」

P.15「○×クイズ」

P.17「強弱記号」

「ききとり」

P.19「○×クイズ」

「ききとり」

P.21「○×クイズ」

P.23「○×クイズ」